超訳《ちょうやく》！こども名著塾《めいちょじゅく》 2

あの古典《こてん》のことばがよくわかる！

〈学問《がくもん》のすすめ〉福沢諭吉《ふくざわゆきち》
〈武士道《ぶしどう》〉新渡戸稲造《にとべいなぞう》

自立《じりつ》ってどんなこと？
プライドをもとう！

日本図書センター

はじめに

世界《せかい》にはたくさんの本《ほん》があります。そのなかでも、とくに多《おお》くの人《ひと》に読《よ》まれ、国《くに》や時代《じだい》をこえて、現在《げんざい》でも多《おお》くの人々《ひとびと》のこころをはげまし続《つづ》けている本《ほん》があります。このような本《ほん》を「名著《めいちょ》」といいます。名著《めいちょ》は、いってみれば世界《せかい》の人々《ひとびと》にとって共通《きょうつう》の財産《ざいさん》のようなものです。

わたしたちも、そんな名著《めいちょ》のことばから、生《い》きるためのヒントや勇気《ゆうき》をたくさんもらいました。そして考《かんが》えました。「そのなかには、いつか世《よ》の中《なか》に出《で》て行《い》くみなさんに役立《やくだ》つことばもきっとあるはず！」━この『超訳《ちょうやく》！ こども名著塾《めいちょじゅく》』は、そんな思《おも》いでつくった本《ほん》です。

ここにおさめた10の名著《めいちょ》は、日本《にほん》と世界《せかい》のたくさんの名著《めいちょ》から、みなさんにとくに知《し》ってもらいたいものを選《えら》んでいます。そして、それらの名著《めいちょ》から全部《ぜんぶ》で100のことばを選《えら》び、わかりやすい「超訳《ちょうやく》」で紹介《しょうかい》しています。

落《お》ち込《こ》んでいるとき、悩《なや》んでいるとき、新《あたら》しい世界《せかい》に踏《ふ》み出《だ》そうとしているとき……。みなさんが人生《じんせい》で出会《であ》うさまざまな場面《ばめん》で、この本《ほん》から、こころを前向《まえむ》きにしてくれることばを見《み》つけてくれたらと願《ねが》っています。

「超訳《ちょうやく》！ こども名著塾《めいちょじゅく》」編集委員会《へんしゅういいんかい》

この本《ほん》の読《よ》み方《かた》

『学問《がくもん》のすすめ』と『武士道《ぶしどう》』には、さまざまな場面《ばめん》で、きみがどのように考《かんが》え、
どのように行動《こうどう》すべきかのヒントが、たくさんつまっているよ。
ぜひくり返《かえ》し読《よ》んで、自立《じりつ》したかっこいい生《い》き方《かた》を身《み》につけよう。

作者《さくしゃ》のアドバイス

きみにおぼえておいてほしいポイントだよ。

超訳《ちょうやく》

ことばをわかりやすく説明《せつめい》したよ。ユニークなイラストと一緒《いっしょ》なら、ことばの理解《りかい》が深《ふか》まるはず。

役立《やくだ》つ場面《ばめん》

紹介《しょうかい》することばが役立《やくだ》つきみの状況《じょうきょう》や気《き》もちを紹介《しょうかい》しているよ。

第1部 学問のすすめ

勉強《べんきょう》の意味《いみ》って？

人生《じんせい》のスタートは同《おな》じだけど、学《まな》ぶか学《まな》ばないかで差《さ》は出《で》るよ。

天《てん》は人《ひと》の上《うえ》に人《ひと》を造《つく》らず人《ひと》の下《した》に人《ひと》を造《つく》らずと言《い》えり。……賢人《けんじん》と愚人《ぐじん》との別《べつ》は、学《まな》ぶと学《まな》ばざるとに由《よ》って出来《いでく》るものなり。

がんばったら…
がんばらなかったら…

学《まな》ぶ人《ひと》だけが成長《せいちょう》できるよ！

「天《てん》は人《ひと》の上《うえ》に人《ひと》を造《つく》らず人《ひと》の下《した》に人《ひと》を造《つく》らず」——これは、学《まな》ぶことのたいせつさを教《おし》え続《つづ》けた諭吉《ゆきち》せんせいのことばのなかでも、1番有名《ばんゆうめい》なもの。「人間《にんげん》にはもともと身分《みぶん》の上下《じょうげ》はなく、みんな平等《びょうどう》だ」という意味《いみ》だよ。でも、このことばの少《すこ》し後《あと》には、とてもたいせつな続《つづ》きがあるって、きみは知《し》っているかな？

それは「賢人《けんじん》と愚人《ぐじん》との別《べつ》は、学《まな》ぶと学《まな》ばざるとに由《よ》って出来《いでく》るものなり」ということば。諭吉《ゆきち》せんせいは、すぐれた人《ひと》とそうでない人《ひと》のちがいは勉強《べんきょう》するかどうかで決《き》まるといっているんだ。人《ひと》は同《おな》じスタート地点《ちてん》から出発《しゅっぱつ》するけど、勉強《べんきょう》によって将来《しょうらい》にちがいは出《で》る。ちゃんと意味《いみ》を知《し》るときびしいことばだとわかるよね。

きみが勉強《べんきょう》するのに疲《つか》れてしまったり、あきらめたくなったりしたときには、このことばを思《おも》い出《だ》してみよう！ 諭吉《ゆきち》せんせいのきびしい教《おし》えが、学《まな》ぶことのたいせつさを、もう一度気《いちどき》づかせてくれるはずだよ。

17

16

くわしい解説《かいせつ》

身近《みぢか》な出来事《できごと》などを例《れい》にしながら、ことばがどんなふうに役立《やくだ》つかを解説《かいせつ》しているよ。むずかしい場合《ばあい》はおとなの人《ひと》に聞《き》いてみよう。

原文《げんぶん》・日本語訳《にほんごやく》

もとの本《ほん》のことばや、その日本語訳《にほんごやく》だよ。声《こえ》に出《だ》して読《よ》んでみよう。

もくじ

第《だい》2部《ぶ》 武士道《ぶしどう》 ―プライドをもとう！

名著《めいちょ》ものがたり

第《だい》1部《ぶ》

学問《がくもん》のすすめ

自立《じりつ》ってどんなこと？

福沢諭吉《ふくざわゆきち》

明治《めいじ》時代《じだい》のはじめ、時代《じだい》がはげしく変《か》わり、
みんながとまどっていたとき、
福沢《ふくざわ》諭吉《ゆきち》の『学問《がくもん》のすすめ』は、
人《ひと》はどう生《い》きたらよいかを教《おし》えて、
おおぜいの人《ひと》を元気《げんき》づけたよ。
きみも、諭吉《ゆきち》せんせいから、
学《まな》ぶことと自立《じりつ》することのたいせつさを
教《おし》えてもらおう！

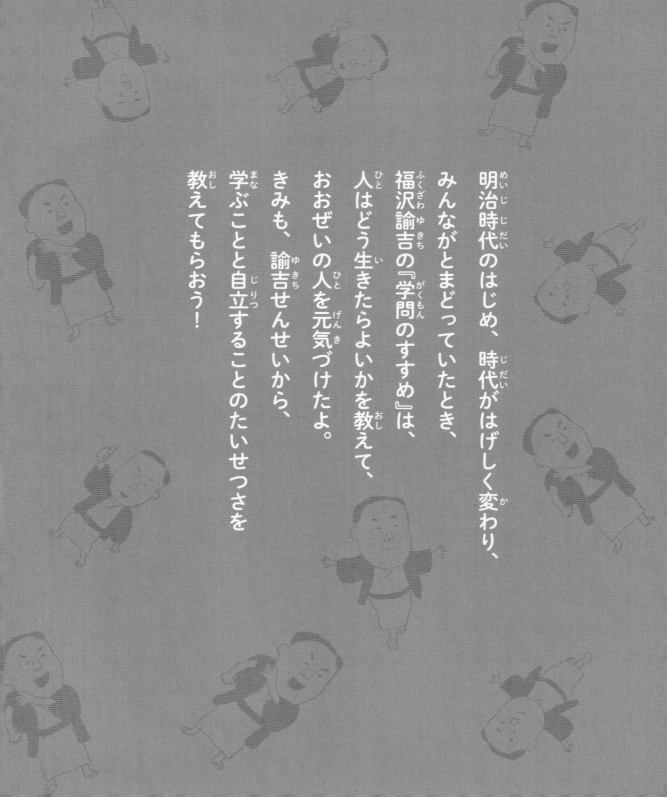

『学問《がくもん》のすすめ』ってどんな本《ほん》？

明治時代《めいじじだい》の大《だい》ベストセラーだよ

『学問《がくもん》のすすめ』は、いまから150年《ねん》ぐらい前《まえ》、1872（明治《めいじ》5）年《ねん》にはじめて出版《しゅっぱん》されたよ。作者《さくしゃ》は福沢諭吉《ふくざわゆきち》。一万円札《いちまんえんさつ》に登場《とうじょう》する人《ひと》っていえばわかるよね。この本《ほん》は、勉強《べんきょう》のたいせつさや、どう生《い》きたらよいかを教《おし》えてくれるんだ。

じつは最初《さいしょ》、『学問《がくもん》のすすめ』は本《ほん》ではなく、学校《がっこう》をつくろうとしていた友人《ゆうじん》たちに諭吉《ゆきち》が送《おく》った手紙《てがみ》だったよ。自分《じぶん》たちだけで読《よ》むのはもったいないという友人《ゆうじん》たちの意見《いけん》で、パンフレットのような形《かたち》で出版《しゅっぱん》されたんだ。これが評判《ひょうばん》となり、5年間《ねんかん》にわたって続編《ぞくへん》が出《で》た。その数《かず》は全部《ぜんぶ》で17編《へん》。後《あと》でまとめて1冊《さつ》の本《ほん》になったよ。340万《まん》部《ぶ》売《う》れた、明治時代《めいじじだい》の大《だい》ベストセラーなんだ。

新《あたら》しい時代《じだい》の生《い》き方《かた》を教《おし》えた本《ほん》だったんだ

『学問《がくもん》のすすめ』の内容《ないよう》は、大《おお》きく前半《ぜんはん》と後半《こうはん》にわかれるよ。前半《ぜんはん》は、国《くに》と個人《こじん》の関係《かんけい》はどうあるべきか、後半《こうはん》は、人《ひと》としてどう生《い》きるべきかなどについて書《か》かれているんだ。

『学問《がくもん》のすすめ』が出版《しゅっぱん》されたのは、江戸《えど》から明治《めいじ》に時代《じだい》が変《か》わったばかりのとき。それまでみんな着物《きもの》を着《き》て、男《おとこ》の人《ひと》はまげを結《ゆ》っていたのに、洋服《ようふく》を着《き》て現代《げんだい》のような髪型《かみがた》をした人《ひと》もあらわれた時代《じだい》だよ。多《おお》くの人《ひと》が社会《しゃかい》の変化《へんか》にとまどい、どう生《い》きるべきか迷《まよ》っていたときだったんだ。

だから、新《あたら》しい時代《じだい》をどう生《い》きたらよいかというアドバイスがつまった『学問《がくもん》のすすめ』を、みんなが競《きそ》って読《よ》んだんだね。

『福沢諭吉《ふくざわゆきち》』ってどんな人《ひと》？

英語《えいご》を学《まな》び海外《かいがい》へ渡《わた》った国際派《こくさいは》の人《ひと》だよ

『学問《がくもん》のすすめ』の作者《さくしゃ》、福沢諭吉《ふくざわゆきち》は、1835（天保《てんぽう》6）年《ねん》、いまの大阪市《おおさかし》で、武士《ぶし》の家《いえ》に生《う》まれた人《ひと》だよ。

勉強熱心《べんきょうねっしん》だった諭吉《ゆきち》は、20歳前後《さいぜんご》に長崎《ながさき》でオランダ語《ご》、大阪《おおさか》で自然科学《しぜんかがく》を学《まな》んだよ。その後《ご》、日本《にほん》が開国《かいこく》して、1858（安政《あんせい》5）年《ねん》にアメリカとのあいだで日米修好通商条約《にちべいしゅうこうつうしょうじょうやく》が結《むす》ばれると、これからは英語《えいご》が必要《ひつよう》だと感《かん》じて、英語《えいご》の猛勉強《もうべんきょう》をはじめたんだ。

やがて英語《えいご》が上達《じょうたつ》した諭吉《ゆきち》は、幕府《ばくふ》から派《は》遣《けん》された一行《いっこう》に加《くわ》わり、1860（万延元《まんえんがん》）年《ねん》にアメリカへ。その後《ご》ヨーロッパや、ふたたびアメリカへも渡《わた》っているよ。当時《とうじ》、海外《かいがい》へ3回《かい》も行《い》った人《ひと》はとても少《すく》なかったんだ。

常識《じょうしき》にとらわれないで新《あたら》しい日本《にほん》を切《き》りひらいたよ

福沢諭吉《ふくざわゆきち》は、１８６６（慶応《けいおう》２）年《ねん》に『西《せい》洋事情《ようじじょう》』という本《ほん》を書《か》いて、自分《じぶん》が見《み》てきたヨーロッパやアメリカの文化《ぶんか》や社会《しゃかい》を幕末《ばくまつ》の日本《にほん》に紹介《しょうかい》したよ。明治《めいじ》になってからは、『学問《がくもん》のすすめ』を書《か》いたり、『時事新報《じじしんぽう》』という新聞《しんぶん》を発行《はっこう》したりしたんだ。教育者《きょういくしゃ》として慶應義塾《けいおうぎじゅく》を創設《そうせつ》したことでも有名《ゆうめい》だよ。

諭吉《ゆきち》は、みんなが信《しん》じている常識《じょうしき》にとらわれずに行動《こうどう》する性格《せいかく》。少年《しょうねん》のころには、近所《きんじょ》のお稲荷《いなり》さまの社《やしろ》にまつられていた特別《とくべつ》な石《いし》の力《ちから》を試《ため》すために、こっそりふつうの石《いし》に取《と》りかえてみたこともあるんだって。

そんな性格《せいかく》が、さまざまな新《あたら》しいことを切《き》りひらく原動力《げんどうりょく》になったんだね。

名著《めいちょ》ものがたり3

『福沢諭吉《ふくざわゆきち》』が生《い》きた時代《じだい》

西洋《せいよう》がアジアの多《おお》くの国《くに》を支配《しはい》していたよ

江戸時代《えどじだい》、日本《にほん》が鎖国《さこく》しているあいだに、西洋《せいよう》の国々《くにぐに》はアジアに押《お》しよせ、多《おお》くの国《くに》を植民地《しょくみんち》として支配《しはい》していたよ。福沢諭吉《ふくざわゆきち》もヨーロッパへの旅《たび》の途中《とちゅう》、アジアの港《みなと》で、西洋《せいよう》に支配《しはい》された現《げん》地《ち》の人々《ひとびと》が気力《きりょく》をなくしているのを見《み》て、とても大《おお》きなショックを受《う》けていたんだ。

諭吉《ゆきち》は、日本《にほん》が西洋《せいよう》の国々《くにぐに》に負《ま》けないためにはどうしたらよいか考《かんが》え続《つづ》けたよ。そして、日本《にほん》が強《つよ》い国《くに》になるためには日本人《にほんじん》1人《ひとり》ひとりが「独立《どくりつ》」することがだいじだと考《かんが》えたんだ。独立《どくりつ》とは、自《じ》分《ぶん》で考《かんが》えて行動《こうどう》し、他人《たにん》に頼《たよ》ったり迷惑《めいわく》をかけたりしないこと。つまり、自立《じりつ》することなんだ。個《こ》人《じん》の自立《じりつ》を通《とお》して日本《にほん》を守《まも》ろうとしたんだね。

日本《にほん》という国《くに》が大《おお》きく変《か》わりはじめたんだ

江戸時代《えどじだい》の終《お》わり、まだ規律《きりつ》のきびしい時代《じだい》に西洋《せいよう》へ行《い》った福沢諭吉《ふくざわゆきち》は、家《いえ》や身分《みぶん》にしばられない西洋《せいよう》ふうの社会《しゃかい》にあこがれていたよ。とはいえ日本《にほん》が、『西洋事情《せいようじじょう》』で自分《じぶん》が紹介《しょうかい》したような社《しゃ》会《かい》になるとまでは思《おも》っていなかった。ところが明《めい》治《じ》になると、日本《にほん》の社会《しゃかい》でも身分《みぶん》がちがっても結《けっ》婚《こん》できるようになるなど、つぎつぎに新《あたら》しい変化《へんか》が起《お》こったんだ。

「この勢《いきお》いにのって、さらに西洋文明《せいようぶんめい》の空気《くうき》を吹《ふ》き込《こ》み、全国《ぜんこく》の人《ひと》のこころをひっくり返《かえ》し、東《とう》洋《よう》に新《あたら》しい文明国《ぶんめいこく》をつくってみたい」――社会《しゃかい》の変化《へんか》を見《み》て、諭吉《ゆきち》はそんな気《き》もちをもったよ。それが、『学問《がくもん》のすすめ』を書《か》く力《ちから》になったんだ。

つぎのページからことばの紹介《しょうかい》がはじまるよ。

勉強《べんきょう》の意味《いみ》って？

人生《じんせい》のスタートは同《おな》じだけど、学《まな》ぶか学《まな》ばないかで差《さ》は出《で》るよ。

天《てん》は人《ひと》の上《うえ》に人《ひと》を造《つく》らず人《ひと》の下《した》に人《ひと》を造《つく》らずと言《い》えり。……賢人《けんじん》と愚人《ぐじん》との別《べつ》は、学《まな》ぶと学《まな》ばざるとに由《よ》って出来《いでく》るものなり。

がんばったら…
がんばらなかったら…

学《まな》ぶ人《ひと》だけが成長《せいちょう》できるよ！

「天《てん》は人《ひと》の上《うえ》に人《ひと》を造《つく》らず人《ひと》の下《した》に人《ひと》を造《つく》らず」——これは、学《まな》ぶことのたいせつさを教《おし》え続《つづ》けた諭吉《ゆきち》せんせいのことばのなかでも、1番有名《ばんゆうめい》なもの。「人間《にんげん》にはもともと身分《みぶん》の上下《じょうげ》はなく、みんな平等《びょうどう》だ」という意味《いみ》だよ。でも、このことばの少《すこ》し後《あと》には、とてもたいせつな続《つづ》きがあるって、きみは知《し》っているかな？

それは「賢人《けんじん》と愚人《ぐじん》との別《べつ》は、学《まな》ぶと学《まな》ばざるとに由《よ》って出来《いでく》るものなり」ということば。諭吉《ゆきち》せんせいは、すぐれた人《ひと》とそうでない人《ひと》のちがいは勉強《べんきょう》するかどうかで決《き》まるといっているんだ。人《ひと》は同《おな》じスタート地点《ちてん》から出発《しゅっぱつ》するけど、勉強《べんきょう》によって将来《しょうらい》にちがいは出《で》る。ちゃんと意味《いみ》を知《し》るときびしいことばだとわかるよね。

きみが勉強《べんきょう》するのに疲《つか》れてしまったり、あきらめたくなったりしたときには、このことばを思《おも》い出《だ》してみよう！　諭吉《ゆきち》せんせいのきびしい教《おし》えが、学《まな》ぶことのたいせつさを、もう一度《いちど》気《き》づかせてくれるはずだよ。

学《まな》んでどうするの？

勉強《べんきょう》はたいせつだけど、それを生《い》かしてこそほんものだよ。

専《もっぱ》ら勤《つと》むべきは人間《にんげん》普通《ふつう》日用《にちよう》に近《ちか》き実学《じつがく》なり。

生活《せいかつ》のなかで役立《やくだ》てよう！

いまきみは、毎日学校《まいにちがっこう》でいろいろな勉強《べんきょう》をしているよね。そんな勉強《べんきょう》のなかには、好《す》きなもの、嫌《きら》いなもの、きっとあるんじゃないかな。「おとなになってから役立《やくだ》ちそうもないことは、どうしてもやる気《き》が起《お》きない」なんてこともあるかもしれないね。

諭吉《ゆきち》せんせいは、「勉強《べんきょう》というのは、自分《じぶん》の生活《せいかつ》に役《やく》立《だ》てることがだいじだ」といっているよ。たとえば授業《じゅぎょう》で天気《てんき》について教《おそ》わったら、その日《ひ》の天気予報《てんきよほう》の解説《かいせつ》を、習《なら》ったことを思《おも》い出《だ》しながら聞《き》いてみよう。英語《えいご》を習《なら》ったら、簡単《かんたん》な単語《たんご》でもいいから、思《おも》いきって外国《がいこく》の人《ひと》に話《はな》しかけてみよう。通《つう》じたら、うれしくてもっと勉《べん》強《きょう》したくなるよ。通《つう》じなかったら、なぜなのかを考《かんが》えよう。またつぎのチャンスがたのしみになるよ。

学校《がっこう》で習《なら》ったことを自分《じぶん》の生活《せいかつ》の役《やく》に立《た》ててみる。それはとてもおもしろいよ。その体験《たいけん》は、きみの役《やく》に立《た》つ、ほんとうの生《い》きた力《ちから》になるんだ。

自分《じぶん》らしく生《い》きるには?

自分《じぶん》を幸《しあわ》せに
できるのは
他人《たにん》ではなく
結局《けっきょく》、自分《じぶん》。

独立《どくりつ》とは、自分《じぶん》にて自分《じぶん》の身《み》を支配《しはい》し、
他《ほか》に依《よ》りすがる心《こころ》なきを言《い》う。

自分《じぶん》で考《かんが》えて、自分《じぶん》で決《き》めよう！

きみは、友《とも》だちから遊《あそ》びに誘《さそ》われて、勉強《べんきょう》や習《なら》いごとなど、やらなければならないことを怠《なま》けてしまったことはないかな。そんなときはつい、「友《とも》だちとの関係《かんけい》だってだいじ」なんて、自分《じぶん》に都合《つごう》のよい言《い》い訳《わけ》をしてしまっているんじゃないかな。

諭吉《ゆきち》せんせいは、人《ひと》が自分《じぶん》らしく生《い》きるには、「独立《どくりつ》」の精神《せいしん》をもつことがだいじだといっているよ。「独立《どくりつ》」とは、いまでいえば「自立《じりつ》」。つまり、自分《じぶん》で自分《じぶん》の人《じん》生《せい》に責任《せきにん》をもって生《い》きるということ。たのしそうな誘《さそ》いにひかれて、「怠《なま》けよう」と決《き》めたのはきみ自身《じしん》。ほかの人《ひと》のせいにしてはいけないよ。それに、きみが怠《なま》けたら、損《そん》をするのはやっぱりきみなんだ。友《とも》だちは、怠《なま》けた勉強《べんきょう》や練習《れんしゅう》を代《か》わりにやってはくれないからね。

結局《けっきょく》、自分《じぶん》を幸《しあわ》せにできるのは、他人《たにん》ではなく自分《じぶん》。「独立《どくりつ》」している人《ひと》は、そのことをよく知《し》っているよ。きみも独立《どくりつ》した自分《じぶん》を目指《めざ》してみよう！

がんばり続《つづ》けるには?

がんばることに
疲《つか》れたら、
新《あたら》しい人《ひと》や
ものごとから
エネルギーをもらおう。

人生活発《じんせいかっぱつ》の気力《きりょく》は、
物《もの》に接《せっ》せざれば生《しょう》じ難《がた》し。

いろいろな人《ひと》や ものに触《ふ》れよう！

勉強《べんきょう》でも、スポーツでも、なにかをがんばり続《つづ》けるってたいへんだよね。同《おな》じことを長《なが》くやっていると、やる気《き》が出《で》ないときだってあるし、疲《つか》れてしまって、投《な》げ出《だ》したくなるときだってあるからね。でも、諭吉《ゆきち》せんせいによると、ものごとをがんばり続《つづ》けるためには、ちゃんとコツがあるんだって。

それは、積極的《せっきょくてき》に新《あたら》しいものごとに触《ふ》れて自分《じぶん》のこころを元気《げんき》な状態《じょうたい》に保《たも》つこと。たとえば、きみがずっとピアノを習《なら》ってきたけど、ちょっと疲《つか》れてしまった。それなら、同《おな》じようにがんばっている友《とも》だちの発表会《はっぴょうかい》に出《で》かけたり、これまで知《し》らなかった演奏家《えんそうか》の演奏会《えんそうかい》に出《で》かけたりしてみるといいよ。新《あたら》しいものごとは刺激《しげき》を与《あた》えてくれて、きみをすごく元気《げんき》にしてくれるものなんだ。

気《き》もちが疲《つか》れたときこそ、積極的《せっきょくてき》に新《あたら》しい人《ひと》やものごとに触《ふ》れてみよう！　自分《じぶん》のなかだけでは生《う》まれなかった、新《あたら》しいエネルギーをもらえるよ！

理想《りそう》のもち方《かた》って？

理想《りそう》には注意《ちゅうい》が必要《ひつよう》。
高《たか》すぎると
不満《ふまん》に変《か》わる。
低《ひく》すぎると
成長《せいちょう》の邪魔《じゃま》になるよ。

心事高大《しんじこうだい》にして働《はたら》きに乏《とぼ》しき者《もの》は
常《つね》に不平《ふへい》を抱《いだ》かざるを得《え》ず。

自分《じぶん》に合《あ》った理想《りそう》の高《たか》さを見《み》つけよう！

きみには、「将来《しょうらい》こんな仕事《しごと》をしたい」「こんなくらしがしたい」という理想《りそう》はあるかな？　理想《りそう》というのは、人《ひと》が成長《せいちょう》するためにとてもたいせつなもの。なりたい理《り》想《そう》の自分《じぶん》に近《ちか》づくために、努力《どりょく》ができるからね。でも、このことばでは、「理想《りそう》は高《たか》すぎてはいけない」といっているよ。どういうことだろう？

諭吉《ゆきち》せんせいは、理想《りそう》が高《たか》すぎると、目《め》の前《まえ》にある現《げん》実《じつ》をつまらないと感《かん》じてしまうことがある。そうなると、まわりの人《ひと》や環境《かんきょう》に余計《よけい》な不満《ふまん》を感《かん》じる気《き》もちが強《つよ》くなり、自分《じぶん》が努力《どりょく》する気《き》もちが弱《よわ》くなってしまうといっているよ。せっかくすてきな理想《りそう》があったのに、それではもったいないよね。

理想《りそう》は高《たか》すぎてはいけない。でも理想《りそう》が低《ひく》すぎても人《ひと》は成長《せいちょう》しない。だいじなのは、いま自分《じぶん》が実際《じっさい》にできることを知《し》って、一歩《いっぽ》前《まえ》に進《すす》むこと。その確実《かくじつ》な積《つ》み重《かさ》ねが、きみを大《おお》きく成長《せいちょう》させるよ。

もっと知《し》りたい!!

福沢諭吉《ふくざわゆきち》の「日本《にほん》ではじめて」

福沢諭吉《ふくざわゆきち》がはじめてつくった日本語《にほんご》

アメリカやヨーロッパに行《い》った福沢諭吉《ふくざわゆきち》。そこでは議会《ぎかい》や選挙《せんきょ》のしくみ、銀行《ぎんこう》、病院《びょういん》など日常《にちじょう》にかかわるものごとを見《み》てまわったよ。どれも、日《に》本《ほん》ではまだ見《み》たことも聞《き》いたこともないものばかり。そこで諭吉《ゆきち》は、見《み》たものを日本《にほん》に紹介《しょうかい》するために、漢字《かんじ》を組《く》み合《あ》わせるなどのくふうをして新《あたら》しい日本語《にほんご》をつくったよ。わたしたちが使《つか》っている「会社《かいしゃ》」「自由《じゆう》」「動物園《どうぶつえん》」のような日本語《にほんご》も、じつは諭吉《ゆきち》が使《つか》いはじめたものなんだ。

英語《えいご》の「speech《スピーチ》」を「演説《えんぜつ》」と訳《やく》し、いまのような意味《いみ》で使《つか》いはじめたのも諭吉《ゆきち》。自分《じぶん》の考《かんが》えを人前《ひとまえ》でしゃべるという習慣《しゅうかん》は、それまでの日本《にほん》にはほとんどなかったんだよ。

これはなんといえばいいのだ?

天気《てんき》のマークも留学生《りゅうがくせい》も日本《にほん》ではじめて！

福沢諭吉《ふくざわゆきち》が発行《はっこう》した『時事新報《じじしんぽう》』は、日《に》本《ほん》ではじめて天気予報《てんきよほう》をのせたんだ。1888（明治《めいじ》21）年《ねん》のことだよ。いまのような天気《てんき》のマークをのせた記事《きじ》は大好評《だいこうひょう》で、ほかの新聞《しんぶん》もすぐ取《と》り入《い》れたんだって。

はじめて海外《かいがい》からの留学生《りゅうがくせい》を受《う》け入《い》れたのも諭吉《ゆきち》。1881（明治《めいじ》14）年《ねん》、朝鮮《ちょうせん》からの留学生《りゅうがくせい》2人《ふたり》を慶應義塾《けいおうぎじゅく》で受《う》け入《い》れたのが日本初《にほんはつ》だよ。その後《ご》も諭吉《ゆきち》は多《おお》くの留学生《りゅうがくせい》を朝鮮《ちょうせん》から日本《にほん》に受《う》け入《い》れたんだ。

そのほかに諭吉《ゆきち》がかかわったものに、日《に》本《ほん》ではじめての乳母車《うばぐるま》があるよ。1867（慶応《けいおう》3）年《ねん》、2度目《どめ》のアメリカ渡航《とこう》のとき、諭吉《ゆきち》は自分《じぶん》のこどものために、乳母車《うばぐるま》をお土産《みやげ》にしたんだ。これは、いまでも慶《けい》應義塾《おうぎじゅく》に保管《ほかん》されているよ。

他人《たにん》のことが気《き》になる…

ねたみやうらみは最悪《さいあく》の結果《けっか》を生《う》み出《だ》す。自分《じぶん》もまわりも不幸《ふこう》にするよ。

凡《およ》そ人間《にんげん》に不徳《ふとく》の箇条《かじょう》多《おお》しと雖《いえど》も、その交際《こうさい》に害《がい》あるものは怨望《えんぼう》より大《だい》なるはなし。

まずは自分《じぶん》と向《む》き合《あ》おう！

みんなからほめられている人《ひと》を見《み》て、ついくやしくなって陰《かげ》でけなしたり、悪口《わるくち》をいったりしてしまったことはないかな？ そんなときは、このことばを思《おも》い出《だ》してほしいんだ。

諭吉《ゆきち》せんせいは、「人《ひと》をねたんだりうらんだりする気《き》もちをもつことは、1番《ばん》よくないことだ」といっているよ。なぜなら、ねたみやうらみの気《き》もちはプラスになることが1つもないから。それどころか、大《おお》きなマイナスにしかならないと考《かんが》えていたんだ。

だれかをねたんでばかりいると、いまの自分《じぶん》ときちんと向《む》き合《あ》うことを忘《わす》れてしまうよ。それでは成長《せいちょう》できないよね。また、人《ひと》の悪口《わるくち》をいうきみの態度《たいど》は、まわりの人《ひと》を嫌《いや》な気《き》もちにさせたり、わるい影響《えいきょう》を与《あた》えたりしてしまうんだ。

自分《じぶん》に自信《じしん》がある人《ひと》は、けっして人《ひと》の足《あし》を引《ひ》っ張《ぱ》るようなことはしないものだよ。

勉強《べんきょう》する環境《かんきょう》がない…

できない理由《りゆう》を
探《さが》すのは簡単《かんたん》。
裏《うら》から見《み》れば、
できる理由《りゆう》を
探《さが》すのも簡単《かんたん》。

粗衣粗食《そいそしょく》、寒暑《かんしょ》を憚《はばか》らず、米《こめ》も搗《つ》くべし、薪《まき》も割《わ》るべし。
学問《がくもん》は米《こめ》を搗《つ》きながらも出来《でき》るものなり。

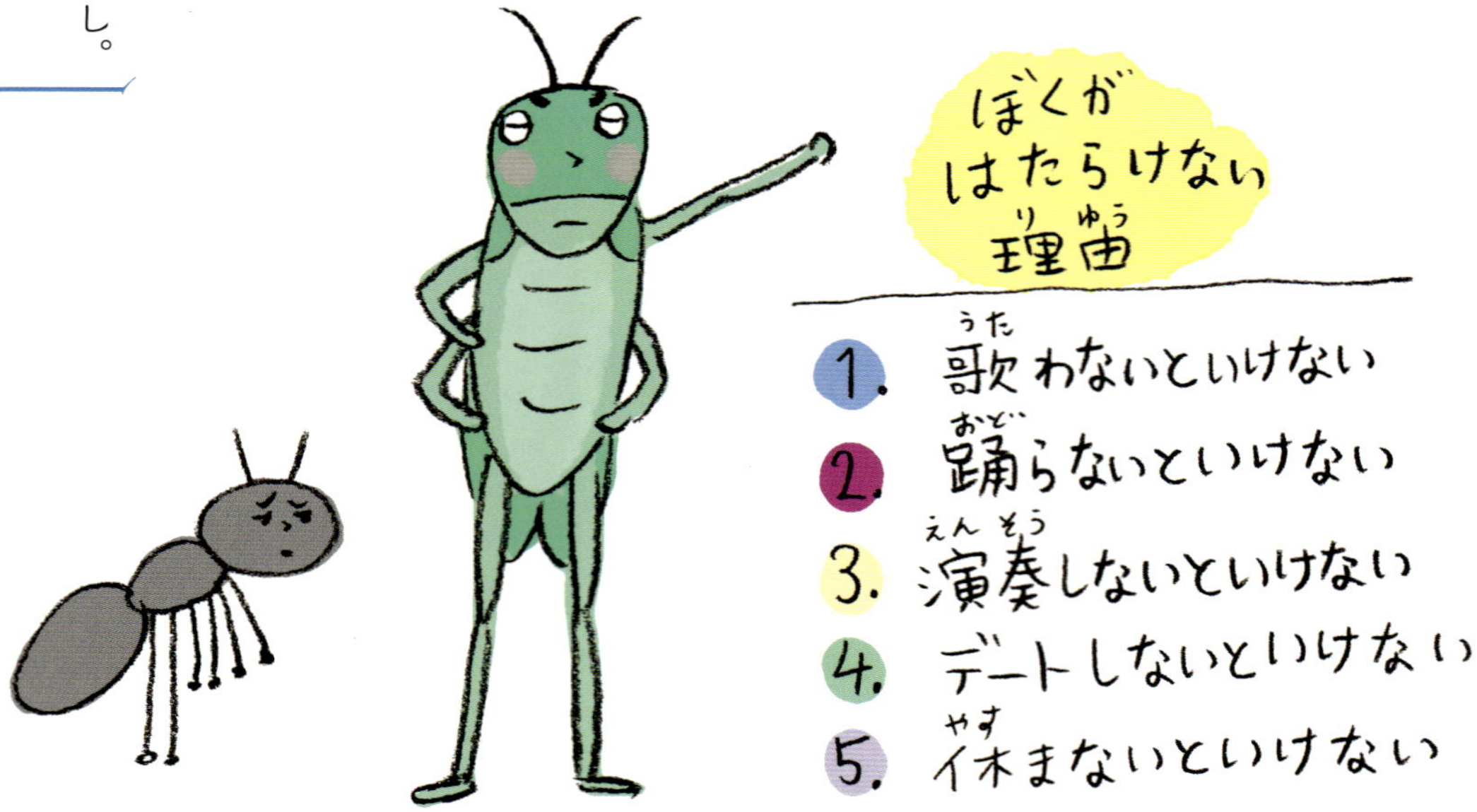
ぼくがはたらけない理由《りゆう》
1. 歌《うた》わないといけない
2. 踊《おど》らないといけない
3. 演奏《えんそう》しないといけない
4. デートしないといけない
5. 休《やす》まないといけない

必要《ひつよう》なのは“やる気《き》”だけ！

　どうしても勉強《べんきょう》する気《き》になれないときって、あるよね。そんなとき、きみの頭《あたま》のなかには、時間《じかん》がないとか、勉強部屋《べんきょうべや》がないとか、いろいろな「できない理由《りゆう》」が浮《う》かんでいるんじゃないかな。

　諭吉《ゆきち》せんせいは、勉強《べんきょう》というのは、「精米《せいまい》のためにお米《こめ》を杵《きね》で搗《つ》きながらでもできる」といっているよ。それは、「やる気《き》になれば、どんな状況《じょうきょう》でも勉強《べんきょう》はできる。できない理由《りゆう》を見《み》つけるのも、できる理由《りゆう》を見《み》つけるのも、自分《じぶん》の気《き》もち次第《しだい》」っていうことなんだ。

　通学時間《つうがくじかん》が長《なが》いなら、電車《でんしゃ》のなかを勉強時間《べんきょうじかん》にあてればいい。勉強部屋《べんきょうべや》がなくても、図書館《としょかん》のスペースなら、家《いえ》の勉強部屋《べんきょうべや》より集中《しゅうちゅう》できるかもしれないよ。

　きみのできない理由《りゆう》は、もしかしたら、「怠《なま》けたい」ことの言《い》い訳《わけ》かもしれない。「怠《なま》けたい」という気《き》もちをはらいのけ、「できる理由《りゆう》」を探《さが》してみよう。きっと努力《どりょく》することがたのしくなるよ。

すぐ人《ひと》に頼《たよ》ってしまう…

他人《たにん》を頼《たよ》るのは楽《らく》。
でも、頼《たよ》ってばかりだと、
その人《ひと》に
ふりまわされるように
なってしまうよ。

独立《どくりつ》の気力《きりょく》なき者《もの》は、必《かなら》ず人《ひと》に依頼《いらい》す、
人《ひと》に依頼《いらい》する者《もの》は必《かなら》ず人《ひと》を恐《おそ》る、
人《ひと》を恐《おそ》るる者《もの》は必《かなら》ず人《ひと》に諛《へつら》うものなり。

お手《て》!
いいこね
あらあら

だれより頼《たよ》れるのは自分《じぶん》！

友《とも》だちと一緒《いっしょ》にいるとなんだか安心《あんしん》できるよね。1人《ひとり》のときより、ちょっと気《き》もちも大《おお》きくなるんじゃないかな。もしクラスのリーダーと仲《なか》がよかったら、自分《じぶん》までリーダーになった気《き》になるかもしれないね。でも、諭吉《ゆきち》せんせいは、「人《ひと》との関係《かんけい》に頼《たよ》りすぎるのは、注意《ちゅうい》したほうがよい」といっているよ。なぜだろう。

それは他人《たにん》を頼《たよ》りにしていると、自分《じぶん》のことは自分《じぶん》で決《き》めるという、「独立《どくりつ》」の気《き》もちが弱《よわ》くなってしまうから。この気《き》もちが弱《よわ》いと、人生《じんせい》でとてもだいじな、1人《ひとり》で考《かんが》えて決断《けつだん》する力《ちから》まで、弱《よわ》くなってしまう。そうすると、ますます他人《たにん》の力《ちから》に頼《たよ》らなければ生《い》きていけなくなってしまうんだ。これでは、諭吉《ゆきち》せんせいが目指《めざ》した「独立《どくりつ》」した生《い》き方《かた》とは真逆《まぎゃく》になってしまうよね。

もちろん、できないことがあるときに、ほかの人《ひと》の力《ちから》を借《か》りるのはかまわない。でも、まずは自分《じぶん》を頼《たよ》りにする、「独立《どくりつ》」した気《き》もちをこころがけよう！

目標《もくひょう》はどう決《き》める？

ゴールを決《き》めるのは自分《じぶん》。大《おお》きな満足《まんぞく》を目指《めざ》そう！

学問《がくもん》に入《い》らば大《おお》いに学問《がくもん》すべし。
農《のう》たらば大農《だいのう》となれ、商《しょう》たらば大商《だいしょう》となれ。

ここはまだぼくのゴールじゃない
ゴール

どこまで成長《せいちょう》できるかチャレンジしよう！

目標《もくひょう》を立《た》てて、それを実現《じつげん》するために努力《どりょく》する。そうすることで人《ひと》は成長《せいちょう》できるもの。せっかく努力《どりょく》するなら、「自分《じぶん》がどこまで成長《せいちょう》できるかとことん試《ため》してみよう」と諭吉《ゆきち》せんせいはいっているよ。

「学問《がくもん》をやるなら、その学問《がくもん》をきわめる。農業《のうぎょう》なら、大農場《だいのうじょう》を経営《けいえい》する。ビジネスなら、大《おお》きな企業《きぎょう》をつくる」——諭吉《ゆきち》せんせいは、それぐらいスケールの大《おお》きい挑戦《ちょうせん》をすすめているよ。いったん進《すす》む方向《ほうこう》を決《き》めたら、小《ちい》さな成功《せいこう》で満足《まんぞく》しないで、その先《さき》を目指《めざ》そうといっているんだ。大《おお》きくて具体的《ぐたいてき》な目標《もくひょう》があれば、人《ひと》はそこに到達《とうたつ》しようとがんばり続《つづ》けることができるもの。自然《しぜん》と勇気《ゆうき》だって生《う》まれてくる。少《すこ》しぐらい困難《こんなん》があっても負《ま》けないで、きっと乗《の》りこえられるよ。

どんな人《ひと》でも人生《じんせい》は一度《いちど》きり。自分《じぶん》の人生《じんせい》に後悔《こうかい》しないよう、志《こころざし》を高《たか》くもって、どこまで成長《せいちょう》できるか思《おも》いきってチャレンジしてみよう。

人《ひと》はどう生《い》きるべき？

「自分《じぶん》のため」はあたりまえ。力《ちから》をつけて「社会《しゃかい》のため」に役立《やくだ》つ人《ひと》になろう！

人《ひと》たるものはただ一身一家《いっしんいっか》の衣食《いしょく》を給《きゅう》しもって自《みずか》ら満足《まんぞく》すべからず、人《ひと》の天性《てんせい》にはなおこれよりも高《たか》き約束《やくそく》あるものなれば、人間交際《にんげんこうさい》の仲間《なかま》に入《はい》り、その仲間《なかま》たる身《み》分《ぶん》をもって世《よ》のために勉《つと》むるところなかるべからず……

自立《じりつ》の先《さき》を目指《めざ》そう！

「人《ひと》はどう生《い》きるべきか？」――すぐにはこたえられない、とてもむずかしい質問《しつもん》だよね。でも、このことばは、きみにヒントを与《あた》えてくれるよ。

これまで諭吉《ゆきち》せんせいは、自分《じぶん》の力《ちから》を頼《たよ》りに強《つよ》く生《い》きていける「独立《どくりつ》した存在《そんざい》になりなさい」と何度《なんど》もいっていたよね。でも、独立《どくりつ》は、諭吉《ゆきち》せんせいの考《かんが》える理想《りそう》の生《い》き方《かた》の第一歩《だいいっぽ》みたい。このことばのなかで諭吉《ゆきち》せんせいは、「自分《じぶん》のことだけで満足《まんぞく》してはいけない」といっているよ。独立《どくりつ》した自分《じぶん》になったらもう一歩《いっぽ》踏《ふ》み出《だ》して、人《ひと》の役《やく》に立《た》つように生《い》きてみようといっているんだ。

人《ひと》の役《やく》に立《た》つことをすれば、ほかの人《ひと》もきみを助《たす》けてくれるよ。そうすればほかの人《ひと》と仲間《なかま》のようになって、きみ1人《ひとり》の力《ちから》ではできないこともできるようになる。大《おお》きく社会《しゃかい》の役《やく》に立《た》つこともできるようになるんだ。

まず自分《じぶん》のできることをしっかり学《まな》ぼう。そしていつか、人《ひと》と協力《きょうりょく》し合《あ》って社会《しゃかい》の役《やく》に立《た》てる人《ひと》になろう！

もっと教《おし》えて!! 諭吉《ゆきち》せんせい

『学問《がくもん》のすすめ』が教《おし》えてくれるのは、学《まな》ぶことのたいせつさだけではないよ。人《ひと》とのつき合《あ》い方《かた》のような、ふだんの生活《せいかつ》で役《やく》に立《た》つヒントもたくさん書《か》かれているんだ。世《よ》の中《なか》でだいじなことを、もっと諭吉《ゆきち》せんせいに聞《き》いてみよう！

人《ひと》と仲《なか》よくするには？

相手《あいて》を警戒《けいかい》していると、相手《あいて》も自分《じぶん》を警戒《けいかい》するよ。おそれずに、自分《じぶん》からこころを開《ひら》こう。

人類《じんるい》多《おお》しと雖《いえど》も鬼《おに》にも非《あら》ず蛇《へび》にも非《あら》ず、殊更《ことさら》に我《われ》を害《がい》せんとする悪敵《あくてき》はなきものなり。

人《ひと》づき合《あ》いのコツって？

人《ひと》とつき合《あ》うために、1番《ばん》たいせつなのは上機嫌《じょうきげん》でいること。人《ひと》は笑顔《えがお》が好《す》きなんだ。

顔色容貌《がんしょくようぼう》の活発愉快《かっぱつゆかい》なるは人《ひと》の徳義《とくぎ》の一箇条《いっかじょう》にして、人間交際《にんげんこうさい》において最《もっと》も大切《たいせつ》なるものなり。

自分《じぶん》ならもっとじょうずにできるのに！

人《ひと》がやっていることに、文句《もんく》をいうのは簡単《かんたん》。自分《じぶん》でやってみたら、ほかの人《ひと》のすごさがわかるはず。

他人《たにん》の働《はたら》きに喙《くちばし》を入《い》れんと欲《ほっ》せば、試《こころ》みに身《み》をその働《はたら》きの地位《ちい》に置《お》きて躬自《みみずか》ら顧《かえり》みざるべからず。

自由《じゆう》とわがまま、どうちがうの？

自由《じゆう》とわがままはまちがいやすい。
人《ひと》の迷惑《めいわく》を考《かんが》えず、
やりたいことをやるだけでは、
わがままになってしまうよ。

自由《じゆう》と我儘《わがまま》との界《さかい》は、他人《たにん》の妨《さまた》げをなすとなさざるとの間《あいだ》にあり。

なかなか踏《ふ》み出《だ》せない…

成功《せいこう》か失敗《しっぱい》か、
やる前《まえ》から考《かんが》えても
仕方《しかた》がない。
できそうだったら、
やってみよう。

議論上《ぎろんじょう》において明《あき》らかに見込《みこ》みあれば
これを試《こころ》みざるべからず。
未《いま》だ試《こころ》みずして先《ま》ずその成否《せいひ》を疑《うたが》う者《もの》は、
これを勇者《ゆうしゃ》と言《い》うべからず。

なぜがんばらないといけないの？

前《まえ》に進《すす》もうとしなければ、
後《うし》ろに下《さ》がってしまう。
「絶対《ぜったい》に下《さ》がるものか」
とがんばると、前《まえ》に進《すす》む。
進歩《しんぽ》したければ、努力《どりょく》が必要《ひつよう》。

進《すす》まざる者《もの》は必《かなら》ず退《しりぞ》き、退《しりぞ》かざる者《もの》は必《かなら》ず進《すす》む。

＊この本《ほん》で紹介《しょうかい》している文章《ぶんしょう》は、『学問《がくもん》のすゝめ』（福沢諭吉《ふくざわゆきち》、岩波文庫《いわなみぶんこ》）を参照《さんしょう》しました。

第《だい》2部《ぶ》

武《ぶ》士《し》道《どう》

新《に》渡《と》戸《べ》稲《いな》造《ぞう》

プライドを
もとう！

明治時代《めいじじだい》の後半《こうはん》、日本《にほん》という国《くに》が
世界《せかい》に知《し》られはじめたころ、
新渡戸稲造《にとべいなぞう》の『武士道《ぶしどう》』は、
武士《ぶし》の生《い》き方《かた》を通《とお》して、
日本人《にほんじん》の考《かんが》え方《かた》を海外《かいがい》へ紹介《しょうかい》したよ。
それは世界《せかい》の人々《ひとびと》を感動《かんどう》させたんだ。
きみも新渡戸《にとべ》せんせいから、
強《つよ》いこころのもち方《かた》を学《まな》んでみよう！

名著《めいちょ》ものがたり1

『武士道《ぶしどう》』ってどんな本《ほん》？

日本人《にほんじん》が書《か》いて、いろいろな国《くに》で読《よ》まれた本《ほん》だよ

『武士道《ぶしどう》』は、いまから120年《ねん》ぐらい前《まえ》の1899(明治《めいじ》32)年《ねん》に書《か》かれた本《ほん》だよ。もとは『Bushido《ブシドー》 The《ザ》 Soul《ソウル》 of《オブ》 Japan《ジャパン》(武士道《ぶしどう》 日本《にほん》の魂《たましい》)』という題名《だいめい》の英語《えいご》の本《ほん》で、アメリカで出版《しゅっぱん》されたんだ。作者《さくしゃ》は、新渡戸稲造《にとべいなぞう》という人《ひと》だよ。

まだ日本《にほん》のことがあまり世界《せかい》に知《し》られていない時代《じだい》に、新渡戸《にとべ》は、日本人《にほんじん》のことを海外《かいがい》の人々《ひとびと》に紹介《しょうかい》しようとして『武士道《ぶしどう》』を書《か》いたんだ。

この本《ほん》は、数年《すうねん》のうちにドイツなどでも翻訳《ほんやく》され、いろいろな国《くに》でベストセラーになったよ。日本《にほん》でも1908年《ねん》に翻訳《ほんやく》されているよ。『武士道《ぶしどう》』は、こころのもち方《かた》を教《おし》えてくれる本《ほん》として、いまでも多《おお》くの人《ひと》に読《よ》まれているんだ。

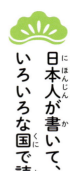

日本人《にほんじん》の道徳《どうとく》や生《い》き方《かた》を海外《かいがい》に紹介《しょうかい》した本《ほん》なんだ

『武士道《ぶしどう》』は、新渡戸稲造《にとべいなぞう》が海外《かいがい》に留学《りゅうがく》していたときの体験《たいけん》をきっかけに書《か》かれたよ。新渡戸《にとべ》は、外国《がいこく》の人《ひと》から「日本人《にほんじん》はどうやって道徳《どうとく》を学《まな》ぶのか」という意味《いみ》の質問《しつもん》をされたときに、うまくこたえられなかったんだ。

それから新渡戸《にとべ》は、考《かんが》えをいろいろとめぐらせたよ。そして「日本人《にほんじん》にとって道徳《どうとく》、つまり生《い》き方《かた》のルールは自然《しぜん》に身《み》につけたもの。それはひとことでいえば武士《ぶし》の生《い》き方《かた》である」というこたえを出《だ》し、それを『武士道《ぶしどう》』にまとめたんだ。

『武士道《ぶしどう》』では、武士《ぶし》の生《い》き方《かた》を通《とお》して日本人《にほんじん》の道徳《どうとく》や生《い》き方《かた》が紹介《しょうかい》されているよ。世界《せかい》の人々《ひとびと》は、それにとても感動《かんどう》を受《う》けたんだ。

名著《めいちょ》ものがたり2

『新《に》渡《と》戸《べ》稲《いな》造《ぞう》』ってどんな人《ひと》？

「太平洋《たいへいよう》の架《か》け橋《はし》」を目指《めざ》したよ

『武士道《ぶしどう》』の作者《さくしゃ》、新渡戸稲造《にとべいなぞう》は、1862（文《ぶん》久《きゅう》2）年《ねん》にいまの岩手県《いわてけん》で武士《ぶし》の家《いえ》に生《う》まれた人《ひと》。明治《めいじ》になって武士《ぶし》という身分《みぶん》はなくなったけれど、幼《おさな》いころは武士《ぶし》として育《そだ》てられたんだ。

1877（明治《めいじ》10）年《ねん》、15歳《さい》のときに、北海道《ほっかいどう》開拓《かいたく》を志《こころざ》し、クラーク博士《はくし》の「少年《しょうねん》よ、大志《たいし》をいだけ」というせりふで有名《ゆうめい》な札幌農学校《さっぽろのうがっこう》に入《にゅう》学《がく》。卒業後《そつぎょうご》は英語《えいご》や農学《のうがく》の勉強《べんきょう》をさらに深《ふか》めたくなり、1883年《ねん》に東京帝国大学《とうきょうていこくだいがく》へ入学《にゅうがく》したよ。

「太平洋《たいへいよう》の架《か》け橋《はし》になりたい」――これは、大学《だいがく》入試《にゅうし》の面接《めんせつ》で将来《しょうらい》の夢《ゆめ》を聞《き》かれた新渡戸《にとべ》のこたえ。このころから、日本《にほん》と外国《がいこく》をつなぐ役割《やくわり》を果《は》たしたいと思《おも》うようになっていたんだ。

国際平和《こくさいへいわ》のために力《ちから》をつくしたんだ

東京帝国大学入学《とうきょうていこくだいがくにゅうがく》から1年後《ねんご》、新渡戸稲造《にとべいなぞう》はアメリカへ留学《りゅうがく》。このとき知《し》り合《あ》ったメリーという女性《じょせい》と結婚《けっこん》したんだ。やがて母校《ぼこう》の札幌農学校《さっぽろのうがっこう》の教師《きょうし》になったけれど、がんばりすぎて健康《けんこう》を損《そこ》ねてしまったよ。でも新渡戸《にとべ》はくじけず、療養中《りょうようちゅう》に書《か》いた論文《ろんぶん》が『武士道《ぶしどう》』のもとになったんだ。

その後《ご》、新渡戸《にとべ》は、第一高等学校校長《だいいちこうとうがっこうこうちょう》や東京女《とうきょうじょ》子大学学長《しだいがくがくちょう》を務《つと》めたよ。『武士道《ぶしどう》』という本《ほん》で世《せ》界《かい》に知《し》られていた新渡戸《にとべ》は、1920（大正《たいしょう》9）年《ねん》に国際連盟《こくさいれんめい》ができると、中心的《ちゅうしんてき》な人物《じんぶつ》の1人《ひとり》に選《えら》ばれたんだ。国際連盟《こくさいれんめい》とは、いまの国際連合《こくさいれんごう》のような組織《そしき》。新渡戸《にとべ》は、まさに国《くに》と国《くに》との架《か》け橋《はし》のような存在《そんざい》として活躍《かつやく》したんだよ。

Boys《ボーイズ》, be《ビー》
ambitious《アンビシャス》!
(少年《しょうねん》よ、大志《たいし》をいだけ)
クラーク
博士《はくし》

『新渡戸稲造《にとべいなぞう》』が生《い》きた時代《じだい》

日本《にほん》が世界《せかい》の国々《くにぐに》とかかわりはじめた時代《じだい》だよ

江戸時代《えどじだい》の日本《にほん》は、200年以上《ねんいじょう》鎖国《さこく》していて海外《かいがい》との交流《こうりゅう》は限《かぎ》られていたよ。開国《かいこく》して明治時代《めいじじだい》になると、日本《にほん》はわずかな期間《きかん》で近代的《きんだいてき》な産業《さんぎょう》や軍隊《ぐんたい》を備《そな》え、世界《せかい》とかかわるようになったんだ。でも、どんな国《くに》なのか、あまり世界《せかい》に知《し》られていなかったよ。

1894(明治《めいじ》27)年《ねん》からはじまった日清《にっしん》戦争《せんそう》で、日本《にほん》は清《しん》(いまの中国《ちゅうごく》)と戦《たたか》って勝利《しょうり》したよ。少《すこ》し前《まえ》まで鎖国《さこく》していた小《ちい》さな島国《しまぐに》が大国《たいこく》である清《しん》に勝利《しょうり》したことは、世界《せかい》をおどろかせた。そのため、日本《にほん》という国《くに》がどんな国《くに》なのか知《し》りたがる人《ひと》がふえたんだ。

『武士道《ぶしどう》』が書《か》かれたのはちょうどそのころ。日本《にほん》が注目《ちゅうもく》されていたときだったんだ。

日本《にほん》への誤解《ごかい》も多《おお》かったんだ

世界《せかい》に知《し》られはじめた日本《にほん》。でも開国《かいこく》したころには、外国人《がいこくじん》が襲《おそ》われる事件《じけん》が多《おお》かったから、海外《かいがい》では、日本《にほん》は野蛮《やばん》な国《くに》だというイメージをもち続《つづ》けている人《ひと》もいたんだ。

新渡戸稲造《にとべいなぞう》は、そんな誤解《ごかい》をとくために『武士道《ぶしどう》』を書《か》いたよ。日本《にほん》と外国《がいこく》の文化《ぶんか》は多《おお》くの点《てん》でちがっているけれど、相手《あいて》への思《おも》いやりのような感情《かんじょう》は共通《きょうつう》している。日本人《にほんじん》はけっして野蛮《やばん》で争《あらそ》いが好《す》きな人々《ひとびと》ではないと説明《せつめい》したんだ。

日本《にほん》はその後《ご》、日露戦争《にちろせんそう》で勝利《しょうり》し、さらに世界《せかい》をおどろかせたよ。日本《にほん》が産業《さんぎょう》や軍備《ぐんび》に力《ちから》を入《い》れていた時代《じだい》に、新渡戸《にとべ》は、ちがう文《ぶん》化《か》のあいだの理解《りかい》のために努力《どりょく》したんだ。

つぎのページからことばの紹介《しょうかい》がはじまるよ。

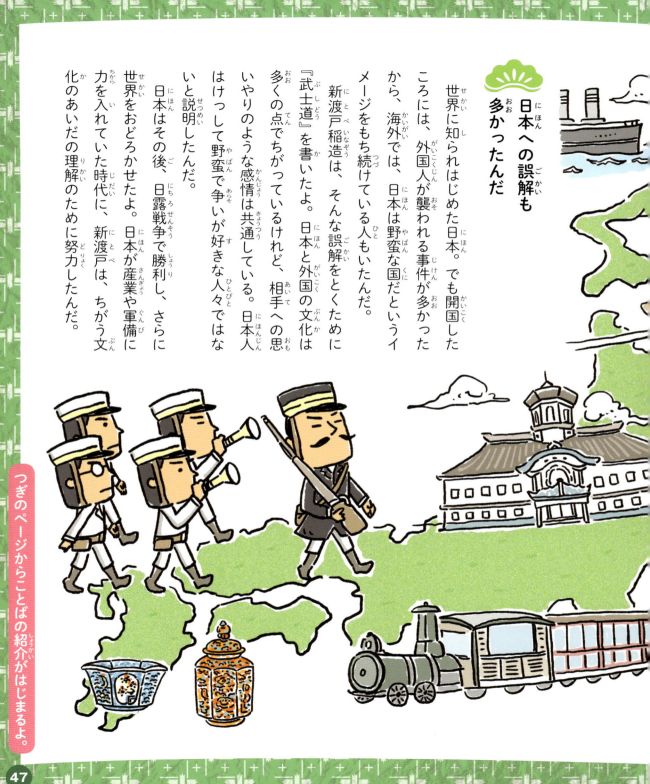

かっこよく生《い》きるには?

まずは自分《じぶん》のなかに生《い》き方《かた》のルールをもつ。それがすべての基本《きほん》。

〔武士道《ぶしどう》は〕一言《いちごん》にすれば「武士《ぶし》の掟《おきて》」、すなわち武人階級《ぶじんかいきゅう》の身分に伴う義務《ノーブレッス・オブリージュ》である。

考《かんが》え方《かた》と行動《こうどう》にルールをもとう！

きみは武士《ぶし》と聞《き》いて、どんな人《ひと》をイメージするかな？強《つよ》い、やさしい、かっこいい、きっとそんなイメージかもしれないね。でも、武士《ぶし》たちは、どうしてそんなふうに生《い》きることができたんだろう？『武士道《ぶしどう》』によれば、その理由《りゆう》は「武士《ぶし》の掟《おきて》」といわれた生《い》き方《かた》のルールがあったからなんだって。

武士《ぶし》たちがとてもだいじにしていた生《い》き方《かた》のルール。それは自分《じぶん》の立場《たちば》を理解《りかい》し、やるべきことをしっかり考《かんが》え、勇気《ゆうき》をもって実行《じっこう》するということ。武士《ぶし》たちはどんなときでも、その教《おし》えをこころに刻《きざ》みながら生《い》きていたよ。だから考《かんが》え方《かた》と行動《こうどう》がぴったり合《あ》っていて、だれにも恥《は》ずかしくない、とても強《つよ》い生《い》き方《かた》ができたんだ。

自分《じぶん》のなかに生《い》き方《かた》のルールをもって生《い》きる。それはきみの人生《じんせい》にとっても、たいせつなこと。生《い》き方《かた》のルールはきみの考《かんが》え方《かた》や行動《こうどう》の基準《きじゅん》になってくれる。そして自分《じぶん》に負《ま》けそうなときにも、きみを支《ささ》えてくれるよ。

たいせつにしたい気《き》もちって？

ひきょうなことや
ずるいことは
絶対《ぜったい》にしない。
あたりまえだけど
とてもむずかしいよ。

武士《ぶし》にとりて卑劣《ひれつ》なる行動《こうどう》、
曲《ま》がりたる振舞《ふるまい》ほど忌《い》むべきものはない。

弱《よわ》い自分《じぶん》に負《ま》けない気《き》もちがだいじ！

かっこよく生《い》きるためのヒントがつまった『武士《ぶし》道《どう》』。このことばは、人《ひと》が行動《こうどう》するときに、たいせつにしなくてはいけないことを教《おし》えてくれるものだよ。いったいどんなことだろう。

それは、行動《こうどう》に「正《ただ》しさ」があるかどうか。つまり、ひきょうなことやずるいことは絶対《ぜったい》にしない。そして、自分《じぶん》の損得《そんとく》よりも、人《ひと》の役《やく》に立《た》つかどうかを行動《こうどう》の基準《きじゅん》にするということなんだ。もしかしたらきみは、「そんなのあたりまえ」と思《おも》うかもしれないね。でも人《ひと》より楽《らく》ができるからとか、得《とく》をするからという理由《りゆう》で、ついわるいことをしてしまう。それってよくあることなんだ。

「ひきょうな自分《じぶん》」「ずるい自分《じぶん》」というのは、どんな人《ひと》のこころにも必《かなら》ずひそんでいる。そんな弱《よわ》い自分《じぶん》に「それじゃダメ!」といえる自分《じぶん》って、かっこいいよね。「正《ただ》しいことをちゃんとする」って、あたりまえだけど、とてもむずかしいよ。

ほんものの勇気《ゆうき》って？

ほんものの勇気《ゆうき》とニセモノの勇気《ゆうき》。ちがいは、正《ただ》しさがあるかどうかだよ。

勇気《ゆうき》は、義《ぎ》のために行《おこ》なわれるのでなければ、徳《とく》の中《なか》に数《かぞ》えられるにほとんど値《あたい》しない。

なんのために勇気《ゆうき》を使《つか》うか考《かんが》えよう!

物語《ものがたり》のヒーローやヒロインは、勇気《ゆうき》をもって行動《こうどう》して不可能《ふかのう》と思《おも》えることをやり遂《と》げるよね。きみは、そんなヒーローやヒロインにあこがれたことはないかな。このことばは、そんなふうに、きみが勇気《ゆうき》ある行動《こうどう》をするための条件《じょうけん》を教《おし》えてくれるよ。

『武士道《ぶしどう》』では、勇気《ゆうき》というのはそれだけでは意味《いみ》がない。勇気《ゆうき》は「正《ただ》しさ」とむすびついてこそほんものだといっているよ。いくら思《おも》いきった行動《こうどう》をしても、まちがったことや、人《ひと》の役《やく》に立《た》たないこと、できそうもないことをするのは、勇気《ゆうき》ある行動《こうどう》ではない。そんなニセモノの勇気《ゆうき》は、きみの成長《せいちょう》を邪魔《じゃま》するだけでなく、ほかの人《ひと》に迷惑《めいわく》をかけてしまう結果《けっか》になるよ。

だいじなのは、なんのために勇気《ゆうき》を使《つか》うか。ほんものの勇気《ゆうき》は、いつも「正《ただ》しさ」とセット。きみがなにか思《おも》いきって行動《こうどう》しようとするときには、必《かなら》ずそのことを確《かく》認《にん》してみよう!

ほんとうにすごい人《ひと》って？

すぐれた人《ひと》は、思《おも》いやりのたいせつさを、だれよりも知《し》っている人《ひと》。

愛《あい》、寛容《かんよう》、愛情《あいじょう》、同情《どうじょう》、憐憫《れんびん》は古来最高《こらいさいこう》の徳《とく》として、すなわち人《ひと》の霊魂《れいこん》の属性中最《ぞくせいちゅうもっと》も高《たか》きものとして認《みと》められた。

思《おも》いやりはすべての基本《きほん》！

「正《ただ》しさ」「勇気《ゆうき》」など、かっこいい生《い》き方《かた》のヒントがたくさんつまっている『武士道《ぶしどう》』。このことばは、そのなかでも、とくにたいせつだとされている「思《おも》いやり」について、教《おし》えてくれるものだよ。

『武士道《ぶしどう》』は、「思《おも》いやり」は人《ひと》にとってもっともだいじな感情《かんじょう》だといっているよ。この感情《かんじょう》をたいせつにできる人《ひと》は、だれよりもすぐれているというぐらいなんだ。

それは、「思《おも》いやり」というものが、ほかの人《ひと》と一緒《いっしょ》に生《い》きるためのスタート地点《ちてん》だから。それは、きみのなかに、人《ひと》に対《たい》する「やさしさ」を生《う》んでくれるもの。そしてときには、「思《おも》いやり」がエネルギーになって、「正《ただ》しさ」や「勇気《ゆうき》」だって与《あた》えてくれるよ。

まわりの人《ひと》に対《たい》して、「思《おも》いやり」の気《き》もちがもてる人《ひと》は、人《ひと》からの「思《おも》いやり」にもちゃんと気《き》づける人《ひと》。そんな人《ひと》は、まわりも自分《じぶん》も幸《しあわ》せにできる人《ひと》だよ。きみもそんなすてきな人《ひと》になれるといいね。

ほんとうの礼儀《れいぎ》とは、悲《かな》しみも喜《よろこ》びもわけ合《あ》おうとするこころ。

礼《れい》の吾人《ごじん》に要求《ようきゅう》するところは、泣《な》く者《もの》と共《とも》に泣《な》き、喜《よろこ》ぶ者《もの》と共《とも》に喜《よろこ》ぶことである。

相手《あいて》の立場《たちば》に立《た》つことがたいせつ！

きみは、親《おや》や学校《がっこう》の先生《せんせい》から「きちんと挨拶《あいさつ》しなさい！」なんて、いわれたことはないかな？　これは、礼《れい》儀《ぎ》正《ただ》しくしなさいっていうことだよね。

礼儀《れいぎ》というのは、みんなが気《き》もちよく生活《せいかつ》するためのとてもたいせつな社会《しゃかい》のきまり。でも、ただのきまりごとじゃないんだ。『武士道《ぶしどう》』では、礼儀《れいぎ》というのは、相《あい》手《て》の悲《かな》しみや喜《よろこ》びをわけ合《あ》おうとするこころが形《かたち》になったものだといっているよ。つまり、思《おも》いやりを行動《こうどう》にあらわしたもの、それが礼儀《れいぎ》ということなんだ。

たとえば自分《じぶん》が座《すわ》っているとき、近《ちか》くに立《た》っている知《し》り合《あ》いがいたら、相手《あいて》に合《あ》わせて立《た》ち上《あ》がること。これは疲《つか》れる姿勢《しせい》でいる相手《あいて》の苦労《くろう》を、わかち合《あ》おうとする思《おも》いやりの気《き》もちのあらわれなんだよ。

気《き》もちを忘《わす》れた形《かたち》だけの礼儀《れいぎ》は、いくら礼儀正《れいぎただ》しくても機械《きかい》と同《おな》じ。相手《あいて》への気《き》もちをだいじにしたとき、それがほんとうの礼儀正《れいぎただ》しさになるんだ。

もっと知《し》りたい!!

欧米《おうべい》と逆《ぎゃく》？ 日本人《にほんじん》のふるまい

つまらないものを贈《おく》るなんて!?

『武士道《ぶしどう》』では、日本《にほん》と外国《がいこく》の文化《ぶんか》のちがいとして、こんな例《れい》を挙《あ》げているよ。贈《おく》り物《もの》を渡《わた》すとき、日本《にほん》では「つまらないものですが」というよね。逆《ぎゃく》にアメリカではよく「これはすばらしいものですよ」という。これは、まるで逆《ぎゃく》のことをいっているように聞《き》こえるよね。

これを新渡戸稲造《にとべいなぞう》は、どちらも相手《あいて》を思《おも》う気《き》持ちのあらわれだと説明《せつめい》したよ。日本《にほん》では品物《しなもの》の価値《かち》を下《さ》げて、「ふさわしいものなどないぐらいあなたはだいじだ」といっている。いっぽう、アメリカでは品物《しなもの》の価値《かち》を上《あ》げて、「よいものでなければ、だいじなあなたに贈《おく》るはずがない」といっている。つまり底《そこ》にある思《おも》いは同《おな》じなんだね。

感情《かんじょう》があっても おもてに出《だ》さない

『武士道《ぶしどう》』で紹介《しょうかい》された日本人《にほんじん》の特徴《とくちょう》の1つに、感情《かんじょう》をこらえることがあるよ。それは、自分《じぶん》の感情《かんじょう》をあらわにして、相手《あいて》を苦《くる》しめてしまわないようにという気《き》づかいや、自分《じぶん》のこころをふだん通《どお》りに保《たも》つ努力《どりょく》のあらわれなんだ。

日本《にほん》では外国《がいこく》よりも、深《ふか》く悲《かな》しんでいるときでも、泣《な》きわめく人《ひと》は少《すく》ないといわれるよ。だけど、外国《がいこく》の人《ひと》より感情《かんじょう》が少《すく》ないというわけでは、けっしてないよね。

東日本大震災《ひがしにほんだいしんさい》のような大《おお》きな災害《さいがい》が起《お》きたときも、日本《にほん》の社会《しゃかい》では大《おお》きなパニックがなく、多《おお》くの人《ひと》が落《お》ち着《つ》いて行動《こうどう》したよ。深《ふか》い悲《かな》しみや苦《くる》しみのなかでも自分《じぶん》を失《うしな》わない。そんな日本人《にほんじん》の態度《たいど》は、海外《かいがい》のさまざまな報道《ほうどう》で称賛《しょうさん》されたんだ。

人《ひと》から信頼《しんらい》されるには？

自分《じぶん》のことばと責任《せきにん》はセット。口先《くちさき》だけの人《ひと》では、信頼《しんらい》されないよ。

武士《ぶし》は然諾《ぜんだく》を重《おも》んじ、その約束《やくそく》は一般《いっぱん》に証書《しょうしょ》によらずして結《むす》ばれかつ履行《りこう》せられた。

発言《はつげん》と行動《こうどう》を一致《いっち》させよう！

きみはいままでに、自分《じぶん》ができそうもないことに、つい「ぼくがやるよ！」と軽《かる》くいってしまって、結局《けっきょく》まわりの人《ひと》に迷惑《めいわく》をかけてしまったことはないかな？　このことばは、そんな経験《けいけん》があるきみに知《し》っておいてほしい。

『武士道《ぶしどう》』は、自分《じぶん》のいったことには、しっかりと責《せき》任《にん》をもつべきだといっているよ。きみは、「武士《ぶし》に二言《にごん》はない」というせりふを聞《き》いたことがあるかな。武士《ぶし》は自分《じぶん》がいったことを、絶対《ぜったい》に取《と》り消《け》さないという意味《いみ》なんだ。すごく強《つよ》い責任感《せきにんかん》を感《かん》じるせりふだね。

自分《じぶん》に都合《つごう》よく話《はな》せば、そのときはいい気分《きぶん》かもしれない。でも後《あと》で相手《あいて》に事実《じじつ》でないことをいったと知《し》られたら、信頼《しんらい》されなくなってしまうよ。だから自分《じぶん》の発言《はつげん》には慎重《しんちょう》にならなければいけないんだ。

その人《ひと》がいったことと行動《こうどう》が同《おな》じなら、まわりの人《ひと》から信用《しんよう》される。社会《しゃかい》で認《みと》められる人《ひと》は、自分《じぶん》がいったことに責任《せきにん》がもてる人《ひと》なんだ。

「恥《は》ずかしい」という気《き》もちは、自信《じしん》をもてる自分《じぶん》になるためのヒント。

名誉《めいよ》に関《かん》する武士《ぶし》の極端《きょくたん》なる敏感性《びんかんせい》の中《なか》に、純粋《じゅんすい》なる徳《とく》の潜在《せんざい》を認《みと》めえないであろうか。

恥《は》ずかしくない自分《じぶん》でいよう！

武士《ぶし》は名誉《めいよ》、つまり人《ひと》から立派《りっぱ》だと思《おも》われていることをたいせつにしたよ。だから1番《ばん》おそれたのが恥《はじ》をかくこと。名誉《めいよ》を守《まも》るために命《いのち》を賭《か》けることもあったんだ。

いまの時代《じだい》では、そんな武士《ぶし》たちの行動《こうどう》はそのまま見《み》習《なら》うことはできないよ。だけど武士《ぶし》の名誉《めいよ》を重《おも》んじる姿《し》勢《せい》は、きみにだいじなことを教《おし》えてくれる。それは、自《じ》信《しん》をもてる自分《じぶん》になるには、恥《は》ずかしくない行動《こうどう》をしようという気《き》もちがたいせつだということ。

「恥《は》ずかしさ」は、自分《じぶん》の行動《こうどう》に対《たい》して自分《じぶん》で感《かん》じるものだよ。もしきみが掃除《そうじ》をさぼって、そのことにだれも文句《もんく》をいわなかったとしても、きみのこころは「いけないな」「だらしないな」と感《かん》じているんじゃないかな。

じつはその感覚《かんかく》がとてもだいじなんだ。

恥《は》ずかしくない行動《こうどう》をする。それはほかの人《ひと》が見《み》ていなくても、変《か》わらずにもち続《つづ》ける自分《じぶん》との約束《やくそく》。自分《じぶん》との約束《やくそく》を守《まも》ることが自信《じしん》をもてる自分《じぶん》につながるんだ。

人《ひと》に嫌《きら》われたくない…

嫌《きら》われないことばかり
気《き》にしていると、
人《ひと》をたいせつには
できないよ。

主君《しゅくん》の気紛《きまぐ》れの意志《いし》、もしくは妄念邪想《もうねんじゃそう》のために自己《じこ》の良心《りょうしん》を犠牲《ぎせい》にする者《もの》に対《たい》しては、武士道《ぶしどう》は低《ひく》き評価《ひょうか》を与《あた》えた。

ときには嫌《きら》われる勇気《ゆうき》も必要《ひつよう》！

きみには、自分《じぶん》にとってたいせつだと感《かん》じる人《ひと》はいるかな？　親《おや》や兄弟《きょうだい》、友《とも》だちかもしれないね。もしきみが将来《しょうらい》、その人《ひと》たちをほんとうにたいせつにできるおとなになりたいなら、このことばをおぼえておこう！

「主君《しゅくん》」というのは、自分《じぶん》が仕《つか》える人《ひと》のこと。つまり、自分《じぶん》にとってたいせつな存在《そんざい》。『武士道《ぶしどう》』では、そんなたいせつな人《ひと》でも、相手《あいて》がまちがっているときには、勇《ゆう》気《き》をもってそれを正《ただ》さなければならないといっているよ。人《ひと》から注意《ちゅうい》をされるのは、だれだって嫌《いや》なもの。いわれた相手《あいて》は、もしかしたら怒《おこ》るかもしれない。注意《ちゅうい》してきた人《ひと》を苦手《にがて》になったり、遠《とお》ざけたりするかもしれない。でも、ほんとうに相手《あいて》をたいせつに思《おも》うなら、嫌《きら》われることなんておそれちゃいけないよ。

人《ひと》をたいせつにするってたいへんなこと。ときには、嫌《きら》われる覚悟《かくご》だって必要《ひつよう》になる。でも、その覚悟《かくご》こそが、きみの成長《せいちょう》のエネルギーになっていくんだよ。

つらく悲《かな》しいとき…

悲《かな》しさをこらえてみたとき、はじめて自分《じぶん》に誇《ほこ》りが生《う》まれるよ。

日本《にほん》の友人《ゆうじん》をばその最《もっと》も深《ふか》き苦《くる》しみの時《とき》に訪問《ほうもん》せよ、彼《かれ》は赤《あか》き眼《まなこ》濡《ぬ》れたる頬《ほほ》にも笑《わら》いを浮《う》かべて常《つね》に変《かわ》らず君《きみ》を迎《むか》えるであろう。

感情《かんじょう》にふりまわされないで！

だいじな試合《しあい》で負《ま》けてしまった。一生懸命勉強《いっしょうけんめいべんきょう》したのに試験《しけん》に落《お》ちてしまった。そんなときには、どうしても落《お》ち込《こ》んでしまうよね。もしかしたら、泣《な》きたくなるぐらい悲《かな》しい気《き》もちになるかもしれないね。

でも、『武士道《ぶしどう》』では、つらいことや悲《かな》しいことに直面《ちょくめん》したときには、自分《じぶん》の気《き》もちとしっかりと向《む》き合《あ》って、感情《かんじょう》のバランスをとる努力《どりょく》がたいせつだといっているよ。思《おも》い通《どお》りにいかなくて、気《き》もちが乱《みだ》れてしまうのは、とても自然《しぜん》なこと。でも、その感情《かんじょう》にふりまわされすぎて、自分《じぶん》を見失《みうしな》ってはいけないよ。悲《かな》しいときやつらいときこそ、自分《じぶん》をしっかりコントロールするんだ。

悲《かな》しいときには、笑顔《えがお》をつくる。泣《な》きたくなったら、涙《なみだ》をぐっとこらえて、上《うえ》を向《む》いてみるのもいい。それは、「自分《じぶん》が自分《じぶん》の人生《じんせい》の主人公《しゅじんこう》だ」というプライドを取《と》り戻《もど》すことにつながっていくんだ。きみが自分《じぶん》の人生《じんせい》をちゃんと生《い》きるための大《おお》きな一歩《いっぽ》だよ。

どう生《い》きていく？

人《ひと》は納得《なっとく》がいく
生《い》き方《かた》をしたい。
むかしもいまも
これからも
それは同《おな》じ。

〔武士道《ぶしどう》は〕その象徴《シンボル》とする花《はな》のごとく、四方《しほう》の風《かぜ》に散《ち》りたる後《あと》もなおその香気《こうき》をもって人生《じんせい》を豊富《ほうふ》にし、人類《じんるい》を祝福《しゅくふく》するであろう。

プライドがもてる生《い》き方《かた》をしよう！

武士《ぶし》が生《い》きていた時代《じだい》といまの時代《じだい》は、ずいぶんちがうよね。刀《かたな》を差《さ》してまげを結《ゆ》っている人《ひと》もいないし、もちろん武士《ぶし》という身分《みぶん》だってない。だけど、いまでもたくさんの人《ひと》が『武士道《ぶしどう》』を生《い》き方《かた》のヒントにしているよ。その理由《りゆう》は、なんだろう。

それは、時代《じだい》がちがっていても、人《ひと》がたいせつにしたい生《い》き方《かた》には共通《きょうつう》するものがあるから。「正《ただ》しさ」、「勇《ゆう》気《き》」、「思《おも》いやり」、「礼儀《れいぎ》」、「誇《ほこ》り」などをだいじにして、納得《なっとく》がいく生《い》き方《かた》をしたい。それは人間《にんげん》ならばだれもが思《おも》うこと。同《おな》じように、嘘《うそ》をつくことやわがままな行動《こうどう》は、いまの時代《じだい》でも、武士《ぶし》が生《い》きていた時代《じだい》でも、やっぱりかっこうわるい。納得《なっとく》がいかない生《い》き方《かた》なんだ。

だいじなのは、「これでいい！」と、自分《じぶん》がこころから思《おも》える生《い》き方《かた》ができるかどうかだよ。きみは、これからの人生《じんせい》で悩《なや》んだり、迷《まよ》ったりするときがあるかもしれない。そんなときには、このことを思《おも》い出《だ》してみよう。

もっと教《おし》えて!! 新渡戸《にとべ》せんせい

『武士道《ぶしどう》』が教《おし》えてくれる、武士《ぶし》のかっこいい生《い》き方《かた》。だいじなのは、ほかの人《ひと》からどう見《み》えるかではなく、自分《じぶん》のこころのもち方《かた》なんだね。こころのもち方《かた》を教《おし》えてくれることばを、もっと新渡戸《にとべ》せんせいに聞《き》いてみよう！

こころの支《ささ》えになるのは？

「正《ただ》しさ」は、かっこいい生《い》き方《かた》にとっての基本《きほん》。骨《ほね》がからだを支《ささ》えるように、「正《ただ》しさ」がこころの姿勢《しせい》を支《ささ》えてくれるんだ。

節義《せつぎ》は例《たと》えていわば人《ひと》の体《からだ》に骨《ほね》あるがごとし。

ほんとうに力《ちから》がある人《ひと》って？

ほんとうに力《ちから》がある人《ひと》ほどその力《ちから》を使《つか》うときをきちんと選《えら》ぶよ。

重厚《じゅうこう》なる人《ひと》は剣《けん》を用《もち》うべき正《ただ》しき時《とき》を知《し》り、しかしてかかる時《とき》はただ稀《まれ》にのみ来《く》る。

忘《わす》れたらいけないことって？

「かっこいい！」そんな素朴《そぼく》な気《き》もちは、強《つよ》く、やさしい生《い》き方《かた》のスタート地点《ちてん》。

剛毅《ごうき》、不撓不屈《ふとうふくつ》、大胆《だいたん》、自若《じじゃく》、勇気《ゆうき》等《など》のごとき心性《しんしょう》は、……幼児《ようじ》から励《はげ》みとせられたる、いわば最《もっと》も人気《にんき》ある徳《とく》であった。

はげしい感情《かんじょう》って、かっこいい？

はげしい感情《かんじょう》や行動《こうどう》だけが
勇気《ゆうき》とはかぎらないよ。
落《お》ち着《つ》きのなかにある
勇気《ゆうき》こそがほんもの。

平静《へいせい》は静止的状態《せいしてきじょうたい》における勇気《ゆうき》である。……真《しん》に勇敢《ゆうかん》なる人《ひと》は常《つね》に沈着《ちんちゃく》である。

ほんとうのプライドって？

ほんとうのプライドとは、
賞状《しょうじょう》や勝《か》ち負《ま》けとは別《べつ》のもの。
一生懸命《いっしょうけんめい》、自分《じぶん》の役割《やくわり》を
果《は》たすことなんだ。

ただ少数《しょうすう》の知徳秀《ちとくひい》でたる人々《ひとびと》だけが、名誉《めいよ》は「境遇《きょうぐう》より生《しょう》ずるのでなく」、各人《かくじん》が善《よ》くその分《ぶん》を尽《つ》すにあることを知《し》った。

お金《かね》とどうつき合《あ》えばいいの？

お金《かね》はとてもだいじ。
でも、お金《かね》に換《か》えられない
ものだってたくさんある。
ふりまわされないように
注意《ちゅうい》が必要《ひつよう》だよ。

……金銭《きんせん》と金銭欲《きんせんよく》とを力《つと》めて無視《むし》したるにより、武士道《ぶしどう》は金銭《きんせん》に基《もと》づく凡百《ぼんぴゃく》の弊害《へいがい》から久《ひさ》しく自由《じゆう》であることをえた。

＊この本《ほん》で紹介《しょうかい》している訳文《やくぶん》は、『武士道《ぶしどう》』（新渡戸稲造《にとべいなぞう》、矢内原忠雄《やないはらただお》訳《やく》、岩波文庫《いわなみぶんこ》）を参照《さんしょう》し、一部《いちぶ》〔　〕で内容《ないよう》を補足《ほそく》しました。

● イラスト　朝倉世界一／ふわこういちろう
● デザイン・編集・制作　ジーグレイプ株式会社
● 企画・編集　株式会社日本図書センター
● 参考文献　『学問のすゝめ』（福沢諭吉、岩波文庫）／『100分de名著ブックス　福沢諭吉　学問のすゝめ』（齋藤孝、NHK出版）／『武士道』（新渡戸稲造、矢内原忠雄訳、岩波文庫）／『100分de名著ブックス　新渡戸稲造　武士道』（山本博文、NHK出版）

NDC159
あの古典のことばがよくわかる！
超訳！　こども名著塾
② 学問のすすめ
　武士道
日本図書センター
2018年　72P　22.2 × 18.2cm

あの古典《こてん》のことばがよくわかる！
超《ちょう》訳《やく》！　こども名《めい》著《ちょ》塾《じゅく》
②学問《がくもん》のすすめ－自立《じりつ》ってどんなこと？
武士道《ぶしどう》－プライドをもとう！

2018年 9 月25日　初版第 1 刷発行

編　集　「超訳！ こども名著塾」編集委員会
発行者　高野総太
発行所　株式会社 日本図書センター
〒112-0012　東京都文京区大塚3-8-2
電話　営業部 03-3947-9387
出版部 03-3945-6448
http://www.nihontosho.co.jp
印刷・製本　図書印刷 株式会社

ISBN978-4-284-20417-0（第２巻）